Heddiw, mae Aled a Siân yn cael parti i ddathlu pen-blwydd Aled.

3

Mae'r teulu a ffrindiau'n dod â chardiau ac anrhegion.

Mae Aled yn chwythu'r canhwyllau ar ei gacen.

Mae Anti Bethan yn dweud sut cafodd Aled ei enw.

Mae Aled eisiau gwybod sut cafodd ei ffrindiau eu henwau hefyd.

Heddiw, mae Peter a Mary'n mynd i barti pen-blwydd Peter.

Mae'r teulu a ffrindiau o'r eglwys yn dod â chardiau ac anrhegion.

Mae Anti Sally'n dweud sut cafodd Peter ei enw.

Fe arllwysodd y ficer ddŵr ar ben Peter.

Heddiw, mae Nathan a Rachel yn mynd i barti pen-blwydd Rachel.

Mae'r teulu a ffrindiau o'r synagog yn dod â chardiau ac anrhegion.

Mae Anti Esther yn dweud sut cafodd Rachel ei henw.

Fe ddarllenodd y rabi o'r Torah.

Heddiw, mae Ahmed a Salma'n mynd i barti pen-blwydd Salma.

Mae'r teulu a ffrindiau o'r mosg yn dod â chardiau ac anrhegion.

Mae Anti Fatima'n dweud sut cafodd Salma ei henw.

Fe eilliodd tad Salma ei phen.

Heddiw, mae Rajeev a Meena'n mynd i barti pen-blwydd Rajeev.

Mae'r teulu a ffrindiau o'r deml yn dod â chardiau ac anrhegion.

Mae Anti Sita'n dweud sut cafodd Rajeev ei enw.

Fe ysgeintiodd yr offeiriad ddŵr ar Rajeev.

Mae Aled yn llawn cyffro wrth ddysgu sut cafodd ei ffrindiau eu henwau.

Mae cymaint o ddathliadau arbennig.

Mae Aled a Siân eisiau gwybod sut cawsoch chi eich enw hefyd.